KB126789

이동규 교수의

두줄칼럼

이동규 교수의
두줄칼럼

발 행 일   2022년 2월 25일 초판 1쇄 발행
          2023년 8월 25일 초판 9쇄 발행
지 은 이   이동규
발 행 인   김병석
편   집   노지호
마 케 팅   윤주경
발 행 처   한국표준협회미디어
출 판 등 록   2004년 12월 23일(제2009-26호)
주   소   서울시 강남구 테헤란로69길 5, 3층(삼성동)
전   화   02-6240-4890
팩   스   02-6240-4949
홈 페 이 지   www.ksam.co.kr

ISBN 979-11-6010-057-0 03300

값 7,000원

이동규 교수의

두줄
칼럼

지식과 사색의 아포리즘 결정체

Think Audition

KSAM

"세상을 바꾸는 최초의 생각"
바로 당신이 그 주인공입니다.

_____ 님께

겸손은
머리의 각도가 아니라,
마음의 각도다

이동규 | 겸손

직업에 귀천은 없으나, 차별은 있다.
업으로 가면 직을 얻고,
직으로 가면 업을 잃는다.

직(職)과 업(業)의 차이

직업이란 '직'과 '업'의 두 글자가 결합된 말이다. 우선 '업(業)'은 힌두어로는 'karma', 라틴어로는 'mission'이다. 한마디로 업이란 바로 내가 이 세상에 온 이유이자, 하늘이 내린 엄숙한 사명이다. 삶이란 결국 자신의 업을 발견해가는 과정이다.

업과 결합된 수많은 단어들 중에서 '기업(企業)'이란 말은 업을 만들어낸다는 의미다. 사람들을 뽑아서 일과 월급을 주어 그들의 가족을 부양케 하는 것이야말로 하늘이 해야 할 일을 대신하는 성스러운 일이 아닐 수 없다. 이런 사람들을 칭하여 '사'자 직업을 뛰어넘는 '가'자를 붙여 '기업가(企業家)'라 부르고 있는 것은 바로 이러한 이유다. 이 땅의 수많은 중소기업 경영인들에게 경의를 표해야 하는 충분한 이유가 여기에 있다.

이에 반해 '직(職)'이란 잡(job)이고 타이틀이고 명함이다.
직장에 다닌다고 '업'이 생기는 건 아니다. 게다가 '일자리'를 원한다곤 하지만 실제로 일에는 관심이 없고 자리에만 침을 흘리는 사람들도 많은 것이 우리 사회의 현주소다.
업을 찾는 일은 한마디로 '내 인생의 보물찾기'라 할 수 있다. 역시 현직보다 천직(天職)이 중요한 법이다. 주위를 둘러보면 남보다 못하는 일을 열심히 하는 사람들이 의외로 많다. 따라서 자신이 가장 좋아하고 잘할 수 있는 일을 조기에 발견해서 더욱 잘해나가는 것이야 말로 인생에서 가장 중요한 과제일 것이다.
결국 중요한 것은 '업으로 가면 직을 얻고, 직으로 가면 업을 잃는다'는 것이다.

"인생에서 제일 중요한 두 날은 태어난 날과 태어난 이유를 깨닫는 날이다."
미국의 천재 소설가, 마크 트웨인의 말이다.

선택이란 고난도의 포기행위다.
포기한 자만이 집중할 수 있다.

포기와 집중

국내 경영 현장에선 '선택과 집중'이란 말이 크게 유행이다. 그러나 전문가 입장에서 보면 일응 '포기와 집중'이 타당하다. 일찍이 하버드대 마이클 포터(M.E.Porter) 교수는 "전략이란 무엇을 할 것인가가 아니라, 무엇을 포기하고 버릴 것인가의 문제다"라고 갈파하였다.

세계적인 초우량 서비스기업 중 여기에 딱 맞는 회사가 바로 사우스웨스트 항공(SWA)이다. 직원만족과 경비절감을 위해 수백 대의 비행기는 모두 보잉737 기종이다. 그러나 여기는 보딩 패스도 없고 식사도 안준다. 그러나 이곳은 항공사 평가의 세 가지 축(정시도착, 수하물처리, 고객서비스)을 모두 석권해 온 '전략덩어리' 회사다. 학교 성적으로 보면 10개 과목 중에 대다수는 과락인데, 소수의 전공필수 과목은 타의 추종을 불허하는 수준이다.

꽃들도 진화과정에서 무엇을 얻기 위해서는 무엇을 포기해야 하는 숙명을 지녔다. 화려하면 향기가 없고 향기가 강하면 볼품이 없다.
우리말에 "죽도 밥도 안 된다"는 말은 실로 의미심장하다. 팔방미인 소리를 듣고 자란 사람들이 나중에 보면 이렇다 할 명함조차 못 내미는 걸 보면 역시 인생은 과감한 포기와 결단의 함수다.

좀 더 구체적으로 말하자면, 여전히 우리 국민 대다수가 속고 있는 단점 개선의 유혹을 과감히 뿌리치고 하늘이 주신 자신만의 달란트를 극대화하는게 전략 개념의 정수다. 결국 포기한 자만이 집중할 수 있다는 거다.

옳은 말을 기분 좋게 하라.
당할 자가 없다.

인생 최고의 자격증

경영이란 커뮤니케이션의 게임이다. 조직에서 발생하는 문제의 대부분은 시스템적인 것이 아니라 주로 소통의 문제다. 일본에선 "조직은 통(通)이다"라고까지 하면서 다다미방 같은 조직의 통풍성을 강조하고 있다.

조직커뮤니케이션 이론 중에 〈켈의 법칙(Kel's law)〉에 따르면, 피라미드형 조직에서는 직급이 한 단계씩 멀어질수록 심리적 거리감이 제곱으로 커져서 직급 간에 두꺼운 벽이 생기게 된다고 한다. 따라서 좋은 리더가 되기 위해서는 먼저 다가가야 한다.

과연 최고의 리더는 최고의 커뮤니케이터임에 틀림없다. 이와 관련하여 우리 사회가 안고 있는 커다란 오해는 일단 "말을 잘 해야 된다"라고 생각한다는 것이다. 그러나 비즈니스에서 진짜 필요한 것은 화술이 아니라 스토리를 끌어가는 힘이다. 특히 중요한 것은 하고 싶은 말이 아니라 듣고 싶은 말을 해야 한다는 점이다.

소통과 대화에 관한 수없이 많은 이야기가 떠돌고 있지만, 필자가 살면서 밝혀낸 대화의 황금법칙은 의외로 단순하다. 그것은 한마디로 "옳은 말을 기분 좋게 하라"는 것이다. 일반인들은 말할 것도 없고 대부분의 지식인들조차 옳은 이야길 기분 나쁘게 하는 경우가 허다한 것을 지켜보면 이해가 갈 것이다.

평생 배우는 것이 결국 듣고, 말하고, 쓰는 것에 다름 아니라고 한다면, 상대방에게 자신의 의견과 감정을 제대로 전할 수 있는 것이야말로 인생 최고의 자격증이라 할 수 있다. 따라서 옳은 이야기를 기분 좋게 할 수만 있다면, 그 사람의 영향력은 유명한 교회 목사님 부럽지 않은 강력한 파워를 갖게 될 것이다.

이론을 모르면 무식하다.
그러나 현실을 모르면 바보다.

이판사판(理判事判)

불교 최고의 경전인 『화엄경』에서는 인간사 범주를 이(理)와 사(事)로 구분하여 파악한다. 이(理)는 눈에 보이지 않는 본질의 세계이며, 사(事)는 눈에 보이는 현상세계를 말한다.

실전 영역에서 보면 우선 사판은 각종 근거와 데이터에 기초한 합리적 분석과 판단력을 필요로 한다. 이에 비해 이판은 경험과 수치를 넘어선 영적, 직관적 능력을 필요로 한다. 따라서 일반적으로 문제해결의 프로세스는 선사판(先事判), 후이판(後理判)이 정통이다.

절을 운영하기 위해선 두 가지 조건이 필요하다. 하나는 불교 교리를 연구하는 것이고, 다른 하나는 밥을 구해오는 것이다. 이판승(理判僧)은 참선, 경전 공부, 포교 등 불교의 교리를 공부하는 스님이고, 사판승(事判僧)은 절의 산림(山林)을 맡아 하는 스님이다. 여기서 산림이란 절의 모든 사무와 재산관리를 통털어서 하는 말이며, 흔히 "살림을 잘한다"는 말이 여기서 유래되었다. 그러나 숭유억불을 내세운 조선시대에 승려가 된다는 것은 인생의 막다른 마지막 선택이었다. 그래서 이판이나 사판은 그 자체로 '끝장'을 의미하는 말로 전이되고 말았다.

이론과 현실!
이것은 우리 인생의 영원한 두 마리 토끼이자 생활명제다. 따지고 보면 경영을 해본 적이 없는 사람이 경영학을 가르치고, 일자리를 창출한 경험이 없는 사람이 일자리 창출 일을 한다. 특히 요즘에는 이론도 모르고, 현실은 더 모르는 '운전수 지식(Chauffeur's knowledge)', 즉 모르는 것을 아는 것처럼 행동하는 사람들이 판치는 세상이다.
사실 이판과 사판을 겸한 사람이야말로 진정한 고수가 아닐 수 없다.
불이(不二) 사상으로 대표되는 화엄(華嚴)이 추구하는 이상형은 이판과 사판 모두 걸림이 없는 사람으로서 이것이 바로 '이사무애(理事無碍)'의 경지다.

THINK AUDITION

소나무가 무성하면 잣나무도 기뻐한다.
사촌이 땅을 사야 나도 잘된다.

송무백열(松茂柏悅)

송무백열.
이 말은 3세기 서진(西晉) 때의 문인 육기(陸機)가 쓴 『탄서부(歎逝賦)』에 나오는 글귀로서 벗이 잘 되는 것을 기뻐할 때 비유적으로 쓰는 말이다. 사실 못살던 내 사촌이 갖은 고생 끝에 드디어 땅을 사게 되었다면, 가장 가까운 친척인 나도 기뻐야 정상적 인간이다. 그러나 현재 우리나라는 "사촌이 땅을 사면 배가 아프다"라는 말이 어느덧 전국에 퍼져 버렸다. 최근에는 "배고픈 건 참아도 배아픈 건 못 참는다"는 업그레이드 버전까지 나돌고 있다.

원래 우리 민족은 그런 속 좁은 민족이 결코 아니다. '헬조선'이란 말도 안 되는 표현에 사기당한 젊은이들도 마찬가지다. 가까운 아무 나라나 단 며칠만 여행해 봐도 대한민국이 얼마나 편하고 좋은 나라인지는 바보가 아니면 누구나 느끼는 일이다.

우물 안 개구리일수록 자신의 불운을 남 탓이나 하며 인생을 낭비하는 법이다. 이제부터라도 사촌이 땅을 사야 나도 잘된다는 것을 깨닫고, 이를 제대로 바로잡는 인성 교육을 범국민적으로 강화해 나가야 할 것이다.

창조란 최초의 생각이다.
사유는 고독을 먹고 자란다.

검색보다 사색이다

영국의 정치가 벤자민 디즈라엘리는 "자신의 무지함을 인식하는 것이 앎을 향한 큰 진전이다"고 했다. 그가 꼽은 배움의 세 가지 기둥은 많이 보고(seeing), 겪고(suffering), 공부하는(studying) 것이다.

지금은 1초면 무엇이든 검색이 가능한 시대다. 대한민국 구석구석에 코를 박고 스마트폰만 쳐다보는 검색의 고수들이 넘쳐난다. 이것은 엄청난 기술적 혁명이기도 하지만 동시에 자신의 뇌를 아웃소싱하는 결과를 초래하여 무뇌아로 전락할 가능성이 농후하다. 너도 나도 스마트폰을 들고 다니지만 진짜 스마트한 사람은 찾기 어려운 이유다. 세계 최고의 창의성을 가진 우리 민족의 원형질이 손가락에 의존하는 검색의 노예가 되어가고 사색의 향기는 사라지고 있다.

AI 4.0시대, 디지털 사회로의 전환이 가속화되어 갈수록, 오히려 아날로그적 상상력이 그 어떤 능력보다 큰 능력으로 인정받을 것이라고 전망되고 있다. 요컨대, 탁월함보다 새로움을 창조하는 창조적 상상가가 뜬다는 것인데, 여기서 상상(想像)은 기존의 금기에 대한 도전이자, 유쾌한 반란이다.

우리 사회에 모바일 메신저 '카톡'의 돌풍을 일으킨 SNS 주역 김범수 의장조차 "인터넷 검색은 독서를 대신할 수 없다"고 단언한다.
진정, 사유는 고독을 먹고 자란다!

감동을 이기는 게 감사다.
동메달리스트와 금메달리스트의
눈물은 화학 성분이 다르다.

감사는 최고의 백신이다

서양 속담 중엔 이런 명언이 있다. "행복은 언제나 감사의 문으로 들어와서 불평의 문으로 나간다." 세상과 고립되어 있는 감옥과 수도원이 다른 게 있다면 불평하느냐, 감사하느냐의 차이뿐이다. 요컨대, 감사는 행복을 여는 대문이다. 행복이란 결국 감사하는 마음이다.

유태인의 경전 『탈무드』는 '세상에서 가장 지혜로운 사람은 배우는 사람이고, 세상에서 가장 행복한 사람은 감사하며 사는 사람'이라고 가르치고 있다. 감사할 줄 모르는 자를 벌하는 법은 없지만, 감사할 줄 모르는 삶 자체가 형벌인 셈이다.

종교적으로 인용되는 감사의 단계 중 가장 높은 단계는 '감사할 것이 없어도 감사하는 것'이라고 한다. 감사는 과학적 실체이며, 한마디로 인생의 항체다. 지금 이 시간에도 "오늘 하루만, 오늘 하루만 더!"를 간절히 외치는 수많은 사람이 병실에 있다. 이들을 떠나보내야 하는 사람이나 떠나야 하는 사람이나 모두 간절하기는 매한가지다.

감사의 위력은 놀라운 수준이다. 실제로 올림픽 메달리스트들의 만족도를 조사해 본 결과 놀라운 사실이 나타났다. 당연히 금메달리스트가 가장 만족도가 높을 것 같지만, 더 높은 만족도를 느낀 사람은 동메달리스트였다고 한다. 금메달리스트와 동메달리스트의 눈물은 그 화학 성분이 다르다. 금메달에 감격이 있다면, 동메달에는 감사가 있다.

감동을 이기는 것이 감사다.

하수는 싸운 다음에 이기려 한다.
고수는 이긴 다음에 싸운다.

고수와 하수

병학(兵學)의 세계 최고봉은 단연『손자병법』이다. 병법의 5가지 요소는 첫째 국토의 크기, 둘째 생산량, 셋째 병력수, 넷째 전력의 우열, 다섯째 승리라 한다. 여기서 최고의 승리는 '저절로' 이루어진 승리라는 뜻은 필부가 이해하기엔 매우 난해한 경지다.

이와 관련하여 제4편 〈군형(軍形)〉에는 그 유명한 구절, "무지명 무용공(無智名無勇功)"이 있다. 이는 적군이 출동하기 이전에 이미 계략과 외교술 등을 동원해 적을 무릎 꿇게 만들어놓은 까닭에 세인의 입에 오르내릴 만한 혁혁한 전공이 있을 턱이 없기 때문이다. 요컨대, 전쟁에서 승리한 것을 천하의 모든 이가 칭찬한다면 이는 최선 중의 최선이 아니라는 것이다.

여기서 필자는 손자병법 총 13편, 6천여 자 중 최고의 단어로는 '선승구전(先勝求戰)'을 꼽는다. 『무경십서』에서도 전쟁에선 요행을 찾지 말라고 했다. 무릇 승리를 예측하는 것이 일반인 수준을 넘지 못하면 빼어나게 고명(高明)하다고 말할 순 없다. 너무 뻔한 까닭에 일반인은 물론 적군조차 그 속내를 알아챈다는 거다.

격전 끝에 승리를 거두면 설령 천하의 모든 사람으로부터 칭송을 받을지라도 이 또한 빼어나게 고명하다고 말할 수 없다. 더욱이 혈전을 치러 승리를 거두는 장수는 자신뿐만 아니라 군대 전체를 위태롭게 한다.

우리에겐 강태공으로 알려진 여상도 『육도』에서 말하기를, "수많은 칼날이 부딪치는 백병전을 치르면서 맨 앞에서 용맹을 떨치는 장수는 좋은 장수가 아니다"라고 했다.

결국 하수는 싸운 다음에 이기려 하고, 고수는 이긴 다음에 싸운다는 뜻이다. 과연 당신은 고수인가, 하수인가?

회의, 결재, 보고서 확 줄여라.
고수는 짧고, 하수는 길다.

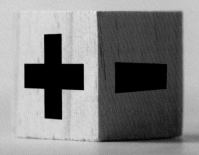

비즈니스 다이어트(Business Diet)

국내 대표적인 신문기자가 한 말이 생각난다.
"원고지 100장 쓰는 건 쉬워도 원고지 한 장은 어렵다."
천재인 마크 트웨인이 친구에게 보낸 편지는 촌철살인이다.
"내가 시간이 없어 길게 써서 미안하네…"

경영학에서는 '비즈니스 다이어트(Business Diet)'라고 하는데 회의, 결재,
보고서 공히 확 줄이는걸 의미한다. 특히 핵심만 단순하게 말하는 법을 길러라.
씨름에서도 맷집보단 기술이고, 체중보단 근육이다. 비즈니스 다이어트는
조직의 체중을 줄이고 근육을 늘리는 일이다. 줄이면 살고 늘리면 죽는다는
각오로 해나가면 큰 효과를 볼 수 있다.
역시 "구슬이 서 말이라도 꿰어야 보배다"란 말은 절대 진리다. 외건상 비슷해
보이는 조직이라 해도 그 운영성과는 하늘과 땅 만큼 차이가 나는 이유가 바로
여기에 있다.

결국 평소에 자신의 몸매를 관리하듯이 줄이고 빼는 훈련을 하지 않으면
조직은 비대해지고, 순환은 막히고, 기업문화는 관료주의로 흐르게 되어 있다.
살을 빼건, 힘을 빼건, 잡소리를 빼건 결론은 비즈니스에서 빼는(-) 것은 고수고,
더하는(+) 것은 하수인 셈이다.

"완벽함이란 더할 것이 없는 상태가 아니라, 더 이상 뺄 것이 없는 상태다."
프랑스 작가, 생텍쥐페리의 말이다.

의미가 있으면 재미가 없고,
재미가 있으면 의미가 없다.
두 가지가 결합해야 대박이 난다.

의미와 재미

우리 인생의 두 가지 축은 의미와 재미다. 한국인이 세계 최고로 잘하는 건 의미
있는 일을 재미없게 하는 것이다.
뇌과학 연구에 따르면 좌뇌는 논리, 우뇌는 감성을 다룬다고 한다. 즉 의미는
좌뇌, 재미는 우뇌가 담당하는데 인간은 뇌 전체로 살아가는게 당연한 것이다.

실제로 늘 심각한 사람은 대부분 인생의 하수다.
일찍이 월트 디즈니는 "불가능을 가능케 하는 유일한 방법은 재미(fun)다"라고
외쳤다. 의미와 재미가 결합하면 당할 자가 없기 때문이다. 그러나 주위를
돌아보면 가정, 학교, 직장 할 것 없이 의미는 있는데 재미가 없다. 근엄한 상사,
지겨운 회의, 반복되는 일상 등등 재미와는 동떨어진 장면들이 여전하다. 특히
회의실에 들어가면 누구나 회의적인 얼굴이 된다. 재미가 없으니 마음이 즐거울
턱이 없고, 그런 분위기 속에서 창조는커녕 생산성조차 기대하기 어렵다.

재미의 위력은 기대 이상으로 강력하다. 특히 감정노동 위주의 서비스업에선
더욱 현저하다. 게임 디자이너 제시 셸은 재미는 '놀라움을 수반한 즐거움'
이라고 하였다.
"재미 없는 직장은 사표를 써라." 펀경영으로 유명한 사우스웨스트항공(SWA)의
창업자이자 전설적 CEO였던 허브 켈러의 말이다.

직원을 존중하라.
단, 절대 아무나 뽑지 마라.

돼지에게 노래를 가르치지 말라

구글은 그 어떤 기업보다 직원을 까다롭게 뽑는 것으로 유명하다.

구글의 CEO 에릭 슈미트가 쓴 『How Google Works』를 보면 9가지 채용기준이 나온다. 그중 가장 핵심은 "뛰어난 지원자를 발견할 때만 채용하라(Do hire only when you've found a great candidate)"라고 평가된다. 아무리 자리가 비어 있어도 기준에 부합하지 않으면 절대로 채용하지 않는다는 룰이다.

"돼지에게 노래를 가르치지 마라."

이는 미국을 대표하는 전설적 CEO이자 사우스웨스트항공 창업자, 허브 켈러의 말이다.

세상에는 아무리 해도 가르칠 수 없는 일이 있다. 돼지는 절대 노래를 부를 수 없다. 부르는 돼지도 힘들겠지만 가르치는 사람도 죽을 맛이다.

요컨대 고객을 즐겁게 하지 못하는, 즉 서비스 DNA가 없는 직원은 절대 뽑지 않는 게 이 회사의 인사방침이다. 이렇게 뽑은 직원들의 충만한 태도는 고객만족으로 회사에 보답하고, 그 결과는 놀라운 성과로 이어진다.

세계적 서비스기업의 경영 제1조 1항이 '직원존중(People Respect)'이지만, 그보다 더 중요한 건 "절대 아무나 뽑지 마라(Hire carefully)"이다.

THINK AUDITION

먼저 쏘고 나중에 맞혀라.
시작이 90이다.

발사하고 조준하라

전 가족을 잃은 불행한 천재, 마크 트웨인은 이렇게 읊었다.
"20년 후 당신은 했던 일보다 하지 않았던 일로 해서 실망할 것이다.
돛줄을 던져라.
안전한 항구를 떠나 항해하라.
당신의 돛에 무역풍을 가득 담아라.
꿈꾸라. 발견하라."

사선에선 조준이 정확해야 과녁을 맞출 수 있다. 그러나 인생이란 사격장에선
평생 조준만 하다 죽은 사람들도 부지기수다. 이는 실패를 자산으로 보지 않는
고약한 사회 분위기 탓에 실패하면 끝이라는 심리가 만연한 결과다. 이러한
경향은 자신이 머리도 좋고 가방끈도 길다고 생각하는 계층일수록 더욱
심하다.
경영에서도 계획보다 전략이고, 전략보다 실행이다.

옛말에 '선즉제인(先則制人)'이라 했다. 지금 시대에 시작은 5할이 아니라 9할
이다. 세상에 완벽은 없다. 심각한 표정은 버리고 그냥 발사하라. 과녁은 나중에
옮겨도 늦지 않다.

일찍이 키에르케고르는 "모험을 하면 많은 것을 잃을 수도 있지만, 모험을 하지
않으면 자신을 온전히 잃어버린다"고 갈파했다.
모범생보다 모험생이 되어라.
인생이란 단 한번의 모험이다.

"문을 나서면 여행의 가장 어려운 관문은 지난 셈이다." 네덜란드 속담이다.

다양성만큼 강한 건 없다.
가장 우수한 병사만으로 뽑은
군대가 이긴 적이 없다.

나무(木)를 사지 말고, 산(山)을 사라

"나무(木)를 사지 말고 산(山)을 사라."
이는 일본 황궁을 건축하는 대목수들 사이에서 전해져오는 이야기다.
작은 목수는 필요한 나무만 골라 사지만, 대목수는 크건 작건 곧건 굽건 모든
나무가 나름대로 각자 쓰임새가 있기에 산 전체를 산다는 것이다. 요컨대, 멋진
궁전을 짓기 위해선 쭉쭉 뻗은 나무만 골라서 짓는 게 당연할 것 같지만, 산을
통째로 사서 그 속에 구부러지고 휘어진 나무들을 포함해서 산 전체를 황궁에
재현하는 게 최고의 목수라는 거다.

조직의 원리도 마찬가지이다. 동종교배에서 기형이 나오는 건 자연의 거듭된
경고다. 조직에서도 순혈주의가 결국 구성원의 자율과 창의를 박탈해 몰락한
사례는 셀 수 없이 많다. 군대에서도 내 맘에 쏙 드는 인원만 뽑고 싶은 유혹이
생길 것이나, 실제로 그렇게 뽑은 군대가 전쟁에서 이긴 적이 없다고 한다.

일찍이 한비자는 "태산(泰山)은 흙과 돌의 좋고 나쁨을 가리지 않고 다
받아들였기 때문에 그 높음을 이룬 것이다"라고 갈파한 바 있다.

이 세상에 다양성만큼 강한 건 없다.

운은 버스와 같다.
준비되지 않은 사람은 탈 수가 없다.

운도 실력이다

인생은 운(運)과의 함수다. 아무리 출중해도 운 없이는 성공할 수 없다. 선조들의 경우, 큰 일을 앞두곤 반드시 시운(時運)과 천명(天命)을 따져 일을 도모하는 건 상식이었다.

운하면 떠오르는 사자성어는 '운칠기삼(運七技三)'이다.
이 말은 청나라때 포송령(蒲松齡)이 지은 소설에서 유래한다. 인생에서 모든 일의 성패는 하늘(운)이 7할을 차지하고, 인간(재능, 노력)이 3할을 차지하는 것이어서 운이 따라주지 않으면 일을 이루기 어렵다는 심오한 뜻을 나타낸 말이다. 따라서 이 구조를 이해하고 더욱 겸손한 자세로 노력하라는 깊은 뜻이 담겨 있는데, 주위를 둘러보면 이 말의 의미를 이해하지 못하고 제멋대로 쓰는 경우가 태반이다.
많은 이들이 내뱉는 변명의 대부분은 자신의 실력은 충분한데 운이 나빴다는 거다. 그러나 이러한 원리를 알고 나면 진정 운도 실력의 일부라는 것을 깨닫게 된다.

결국 중요한 것은 하늘이 부여하는 운을 어떻게 하면 내가 받을 수 있을까 하는 문제로 귀결된다. '운'을 거꾸로 뒤집어보면 '공'이 된다. 공을 들이면 운이 따르게 되는 게 원리가 아닌가 한다. 운이란 결국 '도덕과학'인 셈이다.
누구에게나 일생에 두세 번은 큰 운이 찾아온다. 문제는 준비가 되어 있어야 운을 받을 수 있다는 점이다. 만약 내공 없이 대운을 받게 되면 내 작은 그릇은 이를 감당하지 못하고 깨져버리고 말 것이다. 그러므로 너무 빨리 다가오는 행운은 두려워해야 한다.

운시도래(運時到來).
과연 대운이 열리는 건 어떤 기분일까?

기술은 가르칠 수 있다.
태도는 가르칠 수 없다.

100점 짜리 단어

성격은 얼굴에서 나타나고, 감정은 음성에서 나타나고, 본심은 태도에서 나타난다고 한다. 인생이란 결국 능력과 태도의 함수다. 중요한 건 이게 더하기(+)가 아니라 곱하기(×)란 사실이다.

그 어떤 면접일지라도 태도와 소질, 이 두 가지로 귀결된다.
태도(attitude)와 소질(aptitude)은 비록 한 글자 차이지만 이 두 가지는 전혀 다른 차원이다. 제 아무리 능력이 뛰어나도 태도가 나쁘면 빵점이다. 능력은 교육을 통해 향상시킬 수 있지만, 사람의 태도는 교육으로 바꿀 수 없기 때문이다.

세계 최고 수준의 포시즌스 호텔그룹의 이사도어 샤프 회장은 직원 채용 시 소질이 아닌 태도를 보고 사람을 뽑는다고 한다. 즉, 지식보다는 인품에 더 많은 비중을 두고 직원을 뽑는다는 것이다. 사우스웨스트항공의 창업자인 허브 켈러 회장 또한 "기술은 가르칠 수 있으나 태도는 가르칠 수 없다"고 잘라 말했다.

알파벳 총 26자를 순서대로 나열하고 각각에 숫자를 대입하고 계산을 해보자. A에 1을 대입하고 B에 2, C에 3, D에 4… 그러면 Z는 26이 된다. 참고로 열심히 일하다(hard work)는 98점, 지식(knowledge)은 96점, 행운(luck)은 47점, 돈(money)은 72점이 된다. 신기한 것은 태도(attitude)가 100점 만점이라는 점이다.

특히 실패한 후의 태도는 그 다음을 결정하는 거름이 된다.
"태도는 큰 차이를 만드는 작은 것이다." 윈스턴 처칠의 말이다.

단순한 것을
복잡하게 만드는 건 단순한 일이다.
복잡한 것을
단순하게 만드는 건 복잡한 일이다.

Simple is beautiful

사람들은 어려운 것보다는 쉬운 것, 복잡한 것보다는 단순한 것을 선호하게 마련이다. 게다가 즐거움까지 겸비한다면 금상첨화가 아닐 수 없다. 특히 단순함(simplicity)이란 가치는 상상 이상으로 강력하다. 처음에는 "단순하면 밋밋하다"라는 생각 때문에 단순함이 좋은 줄 잘 모르다가도 복잡한 미로에 빠져 한참 헤매다 보면 단순함의 힘을 새삼 느끼게 된다.

우리가 오랜 세월 공부해서 배우고자 하는 것도 사실은 복잡한 것을 단순화하여 이해하는 과정에 다름 아니다. 역사상 위대한 지도자들은 모두 단순한 비전을 내걸고 국민의 마음을 사로잡았다. 링컨, 처칠 등 위대한 정치가의 연설 또한 늘 단순하지만 일종의 마약이다. 남녀 간 연애에도 백 가지 미사여구보다 단 한마디 "사랑한다"는 말의 위력을 따라갈 수 없다.

단순함으로 승부하라!
구글 정신의 근저에는 단순함을 강조하는 창업자 세르게이 브린의 철학이 숨겨져 있다. 스티브 잡스의 아이패드 시리즈가 공전의 히트를 친 이유도 바로 여기에 있다. 디자인 업계의 신조류인 미니멀리즘(Minimalism)도 같은 맥락이다. 결국 단순함이란 가장 복잡한 과정을 통과한 마지막 결정체다.
그렇다면 복잡계를 제압하는 단순계의 힘은 어디서 나오는 것일까? 그 본질은 아름다움에 있다. 아름다움이야말로 가장 우월한 형태의 힘이기 때문이다.

"단순함은 궁극의 세련됨이다." 레오나르도 다빈치의 말이다.

누구도 가보지 않은 길을 걸어라.
새로운 다름을 제조하라.

상상(想像)을 경영하라

이스라엘 대통령을 역임한 시몬 페레스는 젊은이를 만나면 늘 '기억'의 반대말이 무엇이냐고 질문한다. 대부분 '망각'이라고 답하지만, 그는 '상상'이라고 말한다. 상상이란 끊임없이 '새로운 다름'을 만들어내는 능력으로 검색과 사색을 넘어선 탐색의 세상이다.

사(思)와 상(想).
이 두 가지는 밑에 마음(心)을 품고 있다는 공통점이 있으나 그 개념은 다르다. '사(思)'가 머리와 가슴을 같이 사용하는 화학적 프로세스라면, '상(想)'이란 마음이라는 카메라에 맺히는 영상 이미지 프로세스다.
상상의 어원도 'Image'에서 유래된 것이다. 이미 디즈니랜드는 여기에 공(工)을 결합시켜 '이매지니어링(Imagineering)'이란 신조어를 만들어냈다.

바야흐로 디지털 사회가 가속화되어 갈수록 오히려 아날로그 차원의 예술적 상상력이 크게 각광받는 시대가 될 것이다. 디지털은 분명 최첨단 수단이지만 그 핵심인 컨텐츠는 결국 인간의 아날로그적 감수성에서 발현되는 것이기 때문이다.

요컨대, AI로 상징되는 메타버스 기술혁명기에는 기존에 숭상되어온 '탁월함(excellence)'이란 가치보다는 새로움을 창조하는 상상이란 가치가 더 중요해진다는 것이다. 이는 분명 기존의 금기에 대한 도전이자 기분 좋은 반란일 것이다.

질문의 수준이 그 사람의 수준이다.
질문의 달인이 되어라.

위대한 질문

원래 『중용』에서 정의한 학문(學問)이란 '박학심문(博學審問)'의 약자다. 즉, 공부는 넓게 하고 질문은 자세히 살펴 해야 한다는 뜻이다. 그러나 우리 사회는 전공이라는 미명 아래 공부는 좁게 하고 질문은 아예 없다.
우리나라 엄마들은 학교에 갔다온 아이에게 "오늘 뭘 배웠니?"라고 하는 반면, 유태인 엄마들은 "오늘 뭘 질문했니?"라고 한다는 건 유명한 이야기다. 유태인의 경전 '토라(Torah)'는 위대한 신의 질문이라 불린다.

인간의 성장 비결은 가슴 속에 위대한 질문을 품는 데 있다. 옛부터 선사들은 "도를 깨치기 위해서는 의심 덩어리가 커야 하고, 강렬한 내적 에너지가 있어야 한다"고 했다.
질문이란 곧 문제를 정의하는 것이다. 질문이 없으면 답도 없다. 뛰어난 질문이란 혁신적인 질문, 입장을 바꾸어보는 질문 또는 목표를 확인하는 질문 등이다. 특히 상대방의 프레임에서 빠져나올 수 있는 매우 효과적인 방법은 바로 질문을 바꾸어보는 것이다.

혁신가는 질문의 달인이며, 리더란 질문을 잘 하는 사람이다. 결국 질문이 많은 나라가 선진국이고, 질문의 수준이 바로 그 사람의 수준이다.

"즉흥곡은 즉흥적으로 만들 수 있는 게 아니다."
스페인의 전설적인 건축가, 가우디의 말이다.

핵심인재는 없다.
인재가 핵심일 뿐이다.

새로운 눈으로 인재를 보라

최근 들어 미래형 〈인재 4.0〉에 대한 논의가 한창이다. AI 메타버스 시대의 새로운 인재상은 기존의 기능형, 지식형, 창조형을 넘어 통섭형·융합형 인재라는 것이다. 기업 입장에선 채용, 교육, 훈련, 배치, 평가에 이르는 HRD 전 과정이 통째로 변해야 하는 엄청난 사건이 펼쳐지고 있는 것이다.

사람을 주로 관리 대상으로 보는 서양에 비해, 동양은 사람을 알아보는 것에서 출발한다. 동양의 인재경영은 '상선구인 고무기인(常善求人 故無棄人)'으로 요약된다. 이는 『노자』 제27장에 나오는 구절로 좋은 지도자는 사람을 쓸 때 그 강점과 장점을 잘 파악하여 사용하기에 세상에 버려지는 사람이 없게 한다는 뜻이다. 물건들도 본연의 용도에 맞게 활용하면 모두 가치가 있고 버릴 것이 없다는 이른바 '습명(襲明)'의 이치다.

원래 일을 잘하는 사람은 일을 못하는 사람의 스승이고, 일을 못하는 사람은 일을 잘하는 사람의 자산이다. 일찍이 아인슈타인은 전문 지식만 갖춘 사람은 잘 훈련된 개와 비슷한 상태가 된다고 했다. 피터 드러커 역시 사람을 쓰는 노하우는 그 사람의 단점을 줄이는 게 아니라 장점을 발굴하는 데 있다고 강조했다.

"당신이 100년을 계획하고 싶다면 인재를 가꾸어라"는 가르침이 새삼 떠오르는 요즈음이다.

직원은 최초의 시장이다.
만족한 직원이 만족한 고객을 만든다.

피플 퍼스트(People 1st)

세계적인 기업의 핵심 성공요인은 의외로 단순하다.

그것은 바로 '인간존중'이라는 최고의 경영 원리에 기인한다. 그 출발점은 '피플 퍼스트(People 1st)', 즉 직원존중에 있다. 특히 세계 유수의 서비스기업들은 예외 없이 이 원칙을 경영의 제1조 1항으로 삼고 있다.

쉽게 말해 "만족한 직원이 만족한 고객을 만든다"는 것이다. 나아가 탁월한 성과 창출을 위해서는 〈직원→고객→주주〉로 이어져야 한다는 게 지금까지 밝혀진 최고의 선순환 원리다.

일단 직원들이 의구심을 갖거나 회의적인 태도를 보이는 제품·서비스는 실패한다. "직원은 최초의 시장이다(People is the first market)"란 생생한 교훈이 탄생하게 된 이유다.

그러나 국내에서는 고객만족(CS)에 대해 맹목적으로 추종해온 결과, 직원들은 진상고객에게조차 굴종해야 하는 기막힌 현실이 되어버린지 오래다. 심지어 직원만족도(ESI)는 형편없는 직장이 고객만족대상을 수상하는 코미디까지 벌어지고 있다.

모든 고객이 왕이 아니듯이 직원 또한 종이 아니다.

고객은 웃고 있는데 정작 우리 직원은 뒤에서 울고 있는 건 아닌지 모든 경영자의 필수 점검 과제가 아닐 수 없다.

머리는 태도를 이길 수 없다.
운수는 인복을 이길 수 없다.

인생 부등식

삶과 사람은 같은 글자라고 봐도 된다.
우리들 삶에 정답은 없지만 해답은 있다.

우리 선조들은 이미 '인생 부등식'을 만들어 놓았다.
이는 '머리〈태도〈운수〈인복〈수명'으로 설명할 수 있다. 즉, 아무리 머리가
좋아도 태도가 좋은 이를 이기지 못하고, 그 두 개가 좋아도 운수가 좋은
이를 이기지 못하고, 그 세 개가 좋아도 인복이 많은 이를 극복하지 못하며, 그
전부가 좋아도 오래 사는 이를 능가하지 못한다는 이야기다. 그러나 명복이
길다 해도 종국의 우주질서 앞에서는 한낱 먼지일 뿐인 것이 인생이다.

먼저 깨달아야 할 것은 머리 좋은(才) 사람은 태도 좋은(德) 사람을 이길 수
없다는 것이다.
세상에는 재능이 특별한 사람이 많다. 그중에서도 선천적으로 타고난 재능은
천부적(天賦的, gifted)이라고 한다. 영화 「아마데우스」에서 살리에리가
모차르트에게서 느끼는 막막함을 상상해 보라. 그러나 어릴적 IQ가 200에
달하는 천재들이 요절하거나 나이 들어 별 볼 일 없게 전락해버리는 경우를
보면, 역시 재능만 가지고 험한 세상을 살아가기에는 버거운 모양이다.

그러나 아무리 태도나 습관이 좋은 사람도 운빨 앞에선 소용이 없는 법이다.
노련한 사업가들은 하나 같이 운(運)이 안 따라주면 큰 사업도 한순간이라고
고백한다. 노름판의 타짜들도 여기에 대해선 이견이 없다. 그러나 이 모든 것이
따라주어도 복(福) 있는 사람에게는 당할 수가 없다고 하니, 세상의 이치는
알면 알수록 기묘할 따름이다.

서비스는 친절이 아니다.
서비스는 만족을 제조하는 시스템이다.

서비스와 제조의 결혼

현재 전 세계는 서비스전쟁 중이다.

현대인의 하루를 들여다보면 인생은 바로 서비스 그 자체다. 제조가 물건을 만드는 기술이라면, 서비스는 만족을 제조하는 기술이다. 무엇보다 필요한 것은 서비스에 대한 기존 인식의 전환이다. "서비스 없어요?"라는 말이 널리 퍼져 있고 심지어 서비스의 동의어를 군만두라고 하는 기막힌 수준이 계속되고 있다.

음식점의 핵심 성공요인은 친절과 맛, 이 두 가지다. 맛이 끝내주면 불친절해도 문전성시다. 그러나 친절한데 맛(시스템)이 없으면 아무 소용이 없다. 서비스에서 친절은 20% 정도라는 게 정설이다.

특히 제조와 서비스를 나누는 이분법적 사고는 시대착오적인 것이다. 서비스가 인(人)이라면 제조는 물(物)이다. 둘이 결합할 때 비로소 새로운 '인물'이 탄생하게 된다. 학문적으론 이러한 융합을 가리켜 'Servitization'이라 부른다.
우선 인문·경영·공학과의 융합이 필요하다. 민간과 공공부문의 결합도 필요하다. 드디어 제조군과 서비스양의 결혼식을 올릴 때가 온 것이다.

요컨대 국가경제의 새로운 성장 엔진이자 고용 창출의 보고로 부상한 서비스는 운영· 전달·마케팅의 총체적 시스템 그 자체다. 이제 서비스는 더 이상 단순한 스마일이나 친절함이 아니며, 공짜는 더더욱 아니라는 것이다.

시스템보다 문화가 중요하다.
잘 나갈 때 혁신하라.

혁신을 혁신하라

혁신은 위험하다. 그러나 혁신하지 않는 것은 더 위험하다.

혁신의 '혁(革)'은 원래 짐승의 머리 가죽을 펼친 꼴을 본뜬 글자다. 이는 머리 가죽을 벗기는, 정신 개조까지 포함하는 힘든 재탄생 과정을 의미한다. 혁명보다 어려운 게 혁신이라는 말도 있다. 중요한 것은 구성원의 자율과 창의에서 우러나오지 않는 지겨운 혁신은 절대 성공할 수 없다는 점이다. 흥행이 안되는 영화를 계속 틀어봐야 결과는 뻔할 것이기 때문이다. 지금까지의 혁신을 혁신해야 된다는 역설이 나오는 이유다.

경영이란 글자 그대로 철학(經)을 운영(營)하는 일이다. 한마디로 그것은 시스템과 문화의 함수다. 특히 조직보다 자신에게 충성하는 MZ세대에게 중요한 것은 시스템적인 문제보다 문화가 중요하다. 대책 없는 대책회의, 상습적 야근, 상명하복식 업무지시는 한국 조직문화의 3대 질병이다.

차별화가 남과 다른 것이라면 혁신은 지금까지와 다른 것이다. 바야흐로 AI 메타버스 시대의 혁신은 과거와는 그 양상이 전혀 다를 것으로 보인다. 선도 마케팅 분야는 이미 빅데이터에 기초한 마케팅 5.0 버전을 선보이고 있다. 초기부터 'Always Day 1'을 강조해온 최강 아마존이 내건 전략 슬로건을 보라. "당신이 내일 주문할 것을 오늘 배달해 드립니다." 창업자의 경영철학인 '규칙 없음(No rules rules)'으로 대표되는 넷플릭스의 기업문화 혁신 사례는 매우 유니크하다.

유념해야 할 것은 혁신의 타이밍이다. "건강은 건강할 때 지켜라"라는 말이 있듯이 혁신은 원래 잘 나갈 때 하는 것이다. 배가 이미 기울기 시작했는데 혁신이다 뭐다 난리를 처봐야 배는 더욱 빨리 침몰하는 법이다.

공감은 인간만의 유니크한 무기다.
나는 공감한다, 고로 존재한다.

공감은 21세기 자본이다

물체 간 당기는 힘을 중력이라 한다면, 인간 사이에 당기는 힘은 공감력이다. '공감(Empathy)'이란 미국의 심리학자 에드워드 티치너(Edward B. Titchener)가 도입한 용어로 감정이입을 뜻하는 독일어 'Einfühlung'의 번역어이다.

동서양 공히 공감(共感)의 주된 영역은 기쁨 보다는 아픔에 있다. '마음(心)'이란 이름의 판도라상자 안에서 남의 아픔과 슬픔을 내 것처럼 느끼는 것은 기쁨을 느끼는 것과는 전혀 다른 차원이다. 특히 기성세대는 목표를 지향하지만 지금의 MZ세대는 공감을 지향한다.

바야흐로 초연결시대의 공감소통은 인간 사회의 새로운 과제로 떠오르고 있다. 지적자본, 매력자본을 넘어 새로운 '공감자본'의 시대가 열리고 있는 것이다. AI 메타버스 시대, 인간만이 가진 유니크한 경쟁력이 바로 '공감(共感)'이다. 공감은 절대 제조할 수 없으며, 인공지능으로서는 접근하기 불가한 난해한 감성영역이다. 예컨대, 앞으로 살아남을 수 있는 변호사의 조건은 판례조사나 변론서 작성 능력이 아닌 클라이언트에 대한 높은 경지의 공감력 여부다. 〈리더십 4.0〉의 핵심 콘셉트도 극적 변화를 모색하고 있다. 공감은 상상을 낳고 상상은 혁신으로 분출된다. 공감이 있으면 문화가 되지만 공감 없이 지시만 있으면 제도가 된다. 따라서 조직의 엔진인 직원 역량은 바로 공감과 정비례하며, 공감은 최종 성과를 만드는 기초원료가 된다. 향후 새로운 CEO의 정의도 'Chief Empathy Officer'로 재탄생되어야 한다.

"나는 공감한다, 고로 존재한다."
결국 공감이란 경청으로 시작하여 감동으로 끝나는 감성여행 길이다.
그렇다면 나는 과연 공감형 인간일까?

미래형 직장은 직원들의 즐거운 놀이터이다.
전문 플레이(Play)형 인재가 뜬다.

워크(Work)에서 플레이(Play)로

바야흐로 산업화 시대의 '워크(work)'가 막을 내리고 있다. 특히 전대미문의 메타버스 혁명은 우리에게 또 하나의 '디지털 지구'를 안기며 휴먼 르네상스를 예고하고 있다. 최근 가장 핫하다는 NFT 시장의 폭발적 가능성을 보라.

그렇다면 "워크 다음에 오는 세상에서 난 무엇을 해야 하나?"
결론부터 말하자면 'Labor→Work→Play'로의 진화다. 본격적인 AI시대, 골치 아픈 논리나 계산은 던져버리고 이젠 인간이 아니면 할 수 없는 걸 찾아나서야 한다.

이미 앞서가는 직장들은 직원들의 즐거운 놀이터로 변신하고 있다. 이건 일은 하지 않고 먹고 노는 것과는 전혀 다른 차원이다. 본사 사옥 명칭부터 특별하다. 애완견을 데리고 출근하는 구글 캠퍼스, 애플파크, 아마존 스피어 등 글로벌 IT기업들은 이미 워크 스테이션을 넘어 플레이 스테이션(Play Station)으로 진화한지 오래다.

이건 열심히 한다고 잘 되는 게 아니다. 모범생보다는 모험생이 뜨는 게임판이며, 한 구멍만 파온 사람이 아니라 수많은 낯선 다양성을 연결시켜온 통섭형 인재가 뜨는 새로운 세상이다. 이 새로운 물결에서 지식과 정보서핑을 즐기며, 자신만의 창의력을 맘껏 펼치는 전문 플레이(Play)형 인재의 몸값은 천정부지로 치솟을 것이다. 마치 빌보드를 점령해버린 우리 방탄소년단(BTS)처럼 말이다.